AF359713

RAPPORT

AU NOM DE LA SOUS-COMMISSION

CHARGÉE

D'EXAMINER L'ÉTAT DES CATALOGUES

DU DÉPARTEMENT DES IMPRIMÉS

ET DE LA COLLECTION GÉOGRAPHIQUE

DE LA BIBLIOTHÈQUE NATIONALE

PAR M. BEUGNOT,

MEMBRE DE L'ASSEMBLÉE NATIONALE.

PARIS.

IMPRIMERIE NATIONALE.

JANVIER 1851.

RAPPORT

SUR

L'ÉTAT DES CATALOGUES

DU DÉPARTEMENT DES IMPRIMÉS

ET DE LA COLLECTION GÉOGRAPHIQUE.

I. IMPRIMÉS.

L'achèvement du catalogue des imprimés de la Bibliothèque nationale est depuis longtemps l'objet des injonctions et des sacrifices du Gouvernement, des efforts des conservateurs du département des imprimés et de l'attente de tous ceux qui portent intérêt à la collection de livres la plus considérable et le plus précieuse qui ait jamais été formée.

Un catalogue rédigé avec exactitude et intelligence est à la fois un puissant encouragement pour la science, un instrument indispensable de service et le meilleur moyen de garantir contre le désordre et les dilapidations un genre de propriété qui y est plus exposé que tout autre.

Si un catalogue est nécessaire à toute bibliothèque publique, que deviendrait sans ce moyen de service et de récolement un établissement tel que la Bibliothèque nationale, qui ne contient pas moins de 800,000 volumes, opuscules, pièces détachées, dont les richesses s'accroissent incessamment et qui est visité chaque jour par plus de trois cents lecteurs? N'est-il pas évident que sans un fil habilement disposé pour conduire avec certitude, et par la voie la plus courte, à travers cette immense agglomération de volumes vers celui que l'on cherche, des richesses inappréciables resteraient le plus souvent sans profit pour personne, et que ce grand établissement témoignage éclatant de l'amour de notre pays pour les lettres, deviendrait un pur objet d'ostentation.

L'État n'achète pas des livres à grand prix, ne les fait pas ranger symétriquement sur des tablettes, ni relier avec luxe pour satisfaire la curiosité de quelques oisifs qui viennent deux fois par semaine errer dans les galeries de la Bibliothèque. Cet établissement a été fondé dans l'intérêt et pour la gloire de la science, qui a le droit d'exiger que toutes les richesses qui y sont accumulées soient, sans exception aucune, mises aisément à sa disposition, de même que l'État doit veiller avec une sollicitude toute particulière à la conservation d'une des parties les plus précieuses du domaine public.

En 1838, le Gouvernement, ému par des réclamations et des plaintes trop fondées, songea à faire cesser l'encombrement et le désordre qui régnaient dans la Bibliothèque, et à faire rédiger un véritable catalogue des imprimés, car il n'en existait réellement pas et la mémoire exercée des conservateurs en tenait lieu le plus souvent. Mais avant de dire ce qui fut ordonné à cette époque et ce qui a été exécuté depuis, il convient de rappeler dans quel état se trouvait la Bibliothèque quand fut conçu le dessein d'y rétablir le bon ordre, et d'en rédiger un catalogue complet.

I. ÉTAT DES IMPRIMÉS ET DU CATALOGUE AVANT 1838.
A. *Livres.*

Jusqu'à la révolution, les accroissements de la Bibliothèque furent lents et réguliers et les conservateurs n'eurent pas de peine à classer, ranger et cataloguer les livres nouveaux, successivement confiés à leurs soins. Mais la révolution y fit affluer tout à coup une telle masse de livres provenant de la suppression des couvents et des confiscations exercées sur les émigrés, qu'il fut impossible d'établir même une apparence de rangement et d'ordre dans cet accroissement subit auquel les dispositions du local et le nombre restreint des employés ne pouvaient pas se prêter.

L'établissement du dépôt légal et les acquisitions en augmentant régulièrement le nombre des livres accrurent encore les difficultés, et unirent, on peut le dire, le désordre nouveau au désordre ancien.

Les personnes qui ont visité la Bibliothèque, il y a vingt ans, peuvent se rappeler le spectacle attristant qu'offraient les salles du rez-de-chaussée et les combles, où les livres étaient accumulés pêle-mêle et par monceaux, comme si l'on avait pris plaisir à les mêler ensemble, pour imposer un travail surhumain à qui entreprendrait de faire sortir l'ordre de ce chaos.

Voici, au surplus, le tableau que trace M. Naudet, directeur de la Bibliothèque nationale, de l'état du département des imprimés en 1839 :

« Outre les livres du dépôt légal et des acquisitions, rangés par matières et alphabétiquement, la partie non cataloguée de la Bibliothèque qui s'appelle le *non porté*, comprenait une multitude de petits fonds, de petits dépôts provisoires, et même de paquets disséminés dans les salles et dans les réduits, depuis le rez-de-chaussée jusqu'au dernier étage ; et sous les combles, un amas de livres provenant des bibliothèques d'émigrés et de couvents, entassés sans distinction d'auteurs ni de matières, sans assemblage des parties d'une même œuvre, un vrai chaos de 220,000 volumes.

« Je ne parle pas des *a parte* systématiques, des recueils de pièces connus et inconnus. »

Il existait donc en réalité deux Bibliothèques, l'une rangée et cataloguée, l'autre dans un état de confusion inextricable et dont on ne pouvait tirer aucun parti.

Chaque jour le nombre des volumes augmentait, chaque jour aussi augmentaient le désordre, la confusion, l'impuissance d'arriver à un volume ou à un ouvrage dont l'existence dans une salle était certaine, mais la place inconnue.

B. *Catalogues.*

Les anciens catalogues répondaient-ils, pour le fonds porté, à tous les besoins du service, et garantissaient-ils la propriété de l'État ? On va en juger.

En 1700, le bibliographe Clément rédigea le double catalogue méthodique et alphabétique des 60,000 volumes que renfermait alors la Bibliothèque du roi [1].

Vingt ans après, ce catalogue fut vérifié par récolement d'inventaire.

---

[1] *Rapport adressé à M. le Ministre de l'instruction publique*, par M. Naudet, directeur de la Bibliothèque royale, *sur la situation du catalogue des imprimés de cet établissement*, le 20 février 1847, p. 4.

Pendant l'espace des dix années suivantes, on enregistra les livres au fur et à mesure des entrées dans des suppléments-inventaires, tantôt annuels, tantôt continus; ce qui procura plusieurs petits catalogues à la suite du premier.

En 1730, une classification nouvelle fut essayée et l'on commença d'imprimer un catalogue par ordre de matières, avec des tables alphabétiques d'auteurs à la fin de chaque volume. On publia de la sorte, dans l'espace de cinquante ans, six volumes in-folio : trois pour la théologie, un pour la jurisprudence, deux pour les belles-lettres. Onze, des vingt-sept sections principales ou matières désignées par chacune des lettres de l'alphabet, furent consignées dans ces volumes. Pour les seize autres, on s'en tint aux catalogues anciens, puis on continua d'accumuler les suppléments sur des feuilles manuscrites.

Mais le nombre des livres augmentait chaque jour. Il fallait intercaler les ouvrages nouveaux de manière à ne les pas trop séparer de leurs analogues, rechercher les têtes d'ouvrages pour y rattacher les suites et les placer sur les tablettes avec leurs chiffres et leurs sous-chiffres de classement. Il fallait, en outre, maintenir un catalogue couvert d'additions et de surcharges, en rapport avec les changements de place que les livres éprouvaient sur les rayons.

« Que dut-il arriver, ajoute M. Naudet[1], pour les 240,000 insertions qui se firent dans l'espace de cent vingt ans (1720 à 1840) et par tant de mains différentes, sans règle posée pour établir l'uniformité de vues ? Aussi, que d'erreurs ajoutées à celles de la rédaction originaire ! Que de fractions d'ouvrages considérables, de périodiques surtout, furent répandues dans des matières différentes ou dispersées dans la même matière ! On en était venu à ce point, qu'il ne se faisait que deux insertions par jour, terme moyen, et qu'à la fin on y renonça entièrement. »

Ainsi, en 1838, la Bibliothèque nationale contenait environ 520,000 volumes, parmi lesquels 220,000 n'étaient ni inventoriés, ni rangés, ni catalogués. Quant aux 300,000 autres, composant le fonds *porté*, le système de classification et d'enregistrement admis dans le principe n'ayant pu se prêter aux rapides accroissements du fonds, le désordre avait pénétré aussi

---

[1] P. 5.

bien sur les tablettes de la Bibliothèque que sur les feuilles du catalogue, et les conservateurs n'osaient tenter aucune amélioration, craignant de tomber dans « un inextricable dédale. »

C'est alors que le Gouvernement songea à remédier à ce déplorable état de choses.

II. CRÉDIT EXTRAORDINAIRE VOTÉ EN 1838 PAR LES CHAMBRES.

Le crédit ordinaire alloué chaque année par la loi des dépenses pour la Bibliothèque, ne permettant pas à cet établissement de compléter ses collections ni de garantir par la reliure un grand nombre de livres de prix contre la destruction, le ministre de l'instruction publique, après avoir pris l'avis des conservateurs sur les divers besoins de la Bibliothèque, inscrivit dans son projet de budget pour l'exercice 1839 la demande d'un crédit extraordinaire de 1,284,000 francs payable en douze annuités.

Ce crédit, réduit par la chambre des députés à 1,264,000 francs, fut voté.

Au nombre des travaux extraordinaires les plus urgents, le ministre, la commission de la chambre des députés et les conservateurs de la Bibliothèque avaient placé la rédaction d'un catalogue complet des imprimés. Interrogés sur le temps et les dépenses qu'exigerait un pareil travail, les conservateurs avaient pris l'engagement de le terminer en huit années, au moyen d'une annuité de 10,000 francs.

Ils renouvelèrent publiquement l'année suivante l'engagement d'achever ce travail dans cet espace de temps et avec cette allocation.

L'ordonnance du 22 février 1839, dont le but était d'introduire dans le régime intérieur de la Bibliothèque royale de graves changements, suscita de la part des conservateurs une vive opposition, et ils publièrent deux lettres où ils repoussaient les critiques dont leur administration avait été l'objet dans le rapport au roi qui précédait cette ordonnance.

Le ministre avait dit : « La Bibliothèque a lassé le courage de ceux qui étaient chargés d'en faire le dénombrement. »

Voici comment répondirent les conservateurs :

« Lassé leur courage ! eh ! que signifie donc le parti vraiment courageux qu'ont pris les conservateurs du département des imprimés d'abandonner la continuation de l'ancien catalogue, dont les divisions sont surannées, et dans lequel les intercalations sont devenues presque impossibles, pour en entreprendre un autre, entièrement nouveau, qui comprendra tout le dépôt sans exception, rangé dans un système conforme au progrès de la science? L'estimation des frais du nouveau catalogue figure dans ce total (crédit extraordinaire de 1,264,000 fr.) pour une somme de 80,000 francs à répartir sur huit années. Nous avons répondu, nous répondons encore, qu'au bout de ce temps, si les annuités continuent à être votées, le nouveau catalogue sera achevé ; aujourd'hui après deux mois de travail, 25,000 cartes ont déjà été faites [1]. »

D'après cette déclaration publiée solennellement par des hommes qui connaissaient les difficultés du travail dont ils acceptaient le fardeau, le catalogue devait être terminé en 1846 et ne coûter que 80,000 francs; or, nous devons déclarer que, d'après les notes qui nous ont été remises par MM. les conservateurs des imprimés, 189,000 francs ont déjà été dépensés approximativement pour le catalogue, de 1839 à 1849; d'où nous tirons cette conséquence, que le travail fait n'étant guère que le dixième du travail à faire, si ce travail devait être continué comme il a été commencé, on ne pourrait se flatter d'arriver au terme de l'entreprise avant une époque reculée et sans dépenser encore des sommes disproportionnées avec celle qui avait été primitivement demandée.

Toutes les prévisions furent déjouées, et, il faut reconnaître que l'engagement par lequel le Conservatoire s'était lié, en 1839, n'avait pas été mûrement réfléchi. Doit-on s'en prendre au système adopté de tant et de si promptes déceptions? Nous allons répondre à cette question.

III. SYSTÈME ADOPTÉ POUR LA RÉDACTION DU CATALOGUE.

Il existait, comme nous l'avons dit, à la Bibliothèque, deux fonds entièrement distincts, dont l'un était imparfaitement catalogué et l'autre ne l'était pas du tout. La pensée qui se présenta dès l'abord à l'esprit des conservateurs et qui servit de point de départ à leurs travaux, fut d'opérer la fusion des deux fonds en intercalant le premier dans le second, de manière qu'il

---

[1] *Première lettre des conservateurs de la Bibliothèque royale à M. le Ministre de l'instruction publique,* 1839, p. 22.

n'y eût plus, à vrai dire, qu'une seule et même Bibliothèque, rangée dans l'ordre où le fonds porté était rangé lui-même, c'est-à-dire dans l'ordre méthodique. Cette idée s'offrait comme la plus naturelle. Puisqu'on possédait 3oo,ooo volumes rangés depuis longtemps dans un ordre déterminé, que devait-on faire, sinon intercaler parmi ces volumes les 22o,ooo dont la Bibliothèque avait été récemment enrichie? Mais son exécution imposait une série d'opérations difficiles et chanceuses sur les anciens catalogues et sur les livres, et il eût fallu s'y préparer plus longtemps qu'on ne le fit, par une étude attentive des avantages et des inconvénients de ce système, et par quelques essais, afin de se garantir contre les méprises et contre les causes de retards que devait renfermer une aussi vaste entreprise.

A. *Catalogues.*

Pour obtenir un catalogue général sous la double forme onomastique et méthodique, on a résolu de copier sur des cartes tous les anciens catalogues, imprimés, manuscrits, suppléments, etc. ; ces cartes ont été réparties en vingt-sept sections, selon la classification méthodique de la Bibliothèque; chacune de ces sections a été rangée suivant l'ordre des chiffres et des sous-chiffres précédemment adopté, et qui indique les divisions et les sous-divisions de chaque matière.

On a ensuite dressé un inventaire complet de tous les chiffres et souschiffres des livres portés, afin de fixer la trace, d'immobiliser, en quelque sorte, l'ordre des changements de ces chiffres; effet immédiat des rectifications matérielles du rangement des livres sur les tablettes. Ce répertoire de concordance, dans lequel chaque numéro représentera, à côté de l'ancienne demeure du livre, son adresse nouvelle, remplit quarante-neuf volumes in-folio, et est, dans le système adopté, un instrument de travail indispensable, mais dont la confection, qui n'avait pas été prévue, a exigé beaucoup de travail et beaucoup de temps.

Les cartes étant distribuées en vingt-sept sections et classées dans ces sections dans l'ordre alphabétique des noms d'auteurs et des titres d'ouvrages anonymes, on sentit le besoin d'un répertoire général et non fractionné de ces mêmes noms d'auteurs; mais les vingt-sept alphabets ne pouvaient être dérangés, non plus que les vingt-sept séries classées dans l'ordre des chiffres, une troisième copie de cartes a donc été entreprise : elle est destinée à former un dictionnaire onomastique universel.

En résumé, le fonds anciennement catalogué a été l'objet de quatre opérations poursuivies simultanément :

1º Cartes par noms d'auteurs rangées alphabétiquement en vingt-sept sections ;

2º Cartes par ordre de matières rangées dans chacune des vingt-sept sections, selon l'ordre des chiffres et sous-chiffres ;

3º Répertoire onomastique universel ;

4º Inventaire des chiffres et sous-chiffres.

B. *Livres.*

Il était urgent de faire cesser l'inextricable désordre dans lequel se trouvaient, depuis tant d'années, les 220,000 volumes composant le fonds non porté.

Chacun de ces volumes, après avoir été examiné, a reçu une lettre indicative de la section à laquelle il appartenait. On a repris de nouveau ces volumes l'un après l'autre pour les assembler suivant les lettres qu'ils portaient, ce qui a donné vingt-sept sections correspondantes aux vingt-sept sections du fonds porté. Dans chaque section, les ouvrages sont rangés par ordre alphabétique des noms d'auteurs. Mais la classification n'a pas été poussée plus loin, et conséquemment ces volumes n'ont reçu ni chiffres ni sous-chiffres.

Il existe donc en ce moment à la Bibliothèque deux fonds encore distincts, mais rangés à peu près dans le même ordre. On travaille à les fondre en un seul.

En considérant d'une manière générale le système adopté, on peut dire qu'il imposait deux obligations :

1º Rangement sur les tablettes de tous les livres contenus dans la Bibliothèque, en vingt-sept sections, avec divisions et sous-divisions, selon l'ancienne classification méthodique ;

2º Rédaction de trois séries de cartes destinées à satisfaire à toutes les exigences du service public, et dont l'une, celle des cartes par ordre de matières, formera un catalogue propre à être imprimé par parties, au fur et à mesure de l'achèvement de chacune des vingt-sept sections.

IV. EXAMEN DES CRITIQUES DONT LE SYSTÈME ADOPTÉ
A ÉTÉ L'OBJET.

Le système dont nous venons de faire connaître l'ensemble et les principales parties, et qui ne diffère en rien de celui qui fut adopté, en 1700, par Clément, a été et est encore de la part d'hommes très-expérimentés en cette matière, l'objet de vives critiques dont le public a été pris pour juge.

Notre devoir, à nous, qui n'avions aucun parti arrêté dans ces questions délicates, était de peser scrupuleusement chacune des objections présentées, et de ne nous décider qu'après avoir fait une sorte d'enquête, à laquelle aurait été apporté le tribut de toutes les lumières acquises, soit par l'étude, soit par la pratique.

Nous avons eu de nombreuses conférences avec MM. les conservateurs des imprimés et le chef du bureau du catalogue, ainsi qu'avec les personnes que la voix publique nous désignait comme connaissant le mieux et pouvant le plus facilement nous faire comprendre les inconvénients du système adopté, qui toutes, nous sommes heureux de le déclarer, ont répondu avec empressement à notre appel et aux nombreuses questions que nous leur avons adressées.

De cette enquête, établie sur les lieux mêmes, en présence des livres, des cartes et des registres, afin que l'esprit de système fût toujours contenu par la réalité des faits existants et visibles, il est résulté pour nous une conviction que nous allons nous efforcer de vous faire partager.

Il convient d'abord d'exposer avec tous les développements nécessaires le principe que l'on oppose à celui qui a été adopté et qui est suivi depuis cent cinquante ans par la Bibliothèque nationale.

Ce dernier principe est simple et peut se résumer en peu de mots. Les livres doivent être rangés sur les tablettes suivant l'ordre méthodique.

De l'application de ce principe, excellent en soi, mais qui devient funeste, si, dans l'exécution on veut le suivre avec trop de rigueur, résulte la nécessité de l'intercalation des livres sur les tablettes, opération désastreuse, dit-on, qui, chaque année, dérange et repousse les anciens habitants des rayons pour faire place aux nouveaux venus, dévore un temps précieux qu'on pourrait employer plus utilement, et met en péril l'ordre et le service en surchargeant les étiquettes des livres de lettres, sous-lettres, chiffres, sous-chiffres, etc., sources continuelles d'embarras et d'erreurs.

Dans le système de l'intercalation, la place du livre n'étant jamais que relative, en raison des changements annuels apportés sur les tablettes, il faut pour retrouver un ouvrage que l'étiquette indique, non sur quelle tablette il est placé, mais à quelle classe, sous-classe, division, sous-division, section, sous-section il appartient. De là, des opérations difficiles et minutieuses, des doutes, des vérifications multipliées et les méprises inévitables qui en sont la suite. Ajoutons que l'intercalation rend impossibles les inventaires réguliers, destinés à constater l'existence réelle des livres portés au catalogue, ou du moins qu'elle en hérisse de difficultés le récolement.

L'intercalation a pour but de reproduire sur les tablettes le catalogue définitivement rédigé, afin que le travailleur placé dans une salle ou devant une tablette se voie entouré de tous les matériaux dont il a besoin. Mais ce but ne peut être atteint. Qui ne sait qu'il y a dans toute Bibliothèque trois séries de livres matériellement distinctes, les petits formats, les in-quarto et les in-folio, et que ces trois séries ne peuvent se placer que sur des tablettes différentes, in-folio en bas, in-quarto au-dessus, petits formats sur les rangs supérieurs ?

Que devient donc cette prétendue reproduction du catalogue sur les tablettes ? Ne trouvera-t-on pas toujours des livres de médecine, par exemple, ou de physique, dans une salle destinée à la théologie où à l'histoire ?

L'intercalation véritable ne peut avoir lieu que par formats, et chaque matière se trouve forcément divisée et disposée irrégulièrement, sur trois points différents, souvent très-éloignés l'un de l'autre, selon la localité, la disproportion numérique des formats, les besoins du service journalier et mille circonstances variables qu'on ne saurait prévoir.

N'est-il pas, en outre, évident que, du jour où commence la copie sur registre ou l'impression d'une classe, l'intercalation doit cesser dans cette classe ?

Cette opération, commencée à une époque où la Bibliothèque comptait à peine 60,000 volumes, devenue ensuite tellement difficile que l'on ne faisait plus que deux insertions par jour, et qu'à la fin on y renonça entièrement, porte, sans compensation sérieuse, une fluctuation perpétuelle dans les livres, expose à des erreurs sans nombre, rend impossibles les inventaires et les récolements et oppose à l'achèvement du catalogue un obstacle qui, malgré toutes les illusions dont on se berce, ne sera jamais surmonté.

Aux oscillations continuelles de l'intercalation, opposons le système à places inamovibles, et toutes les difficultés sont levées.

Les livres viendront en arrivant se placer à la suite de leurs prédécesseurs. Cette place, une fois adoptée, restera invariable : pour l'indiquer sur les répertoires, il suffira de peu de chiffres, de peu de lettres, de signes enfin simples et d'un usage facile. A la rigueur, une seule série de chiffres, s'étendant du premier au dernier volume, pourrait suffire ; avec une seule série de chiffres, plus d'embarras ni de recherches pour savoir où un volume est placé, s'il est en lecture ou s'il a été soustrait.

Rien de plus facile aussi que la rédaction du catalogue.

Le premier élément d'ordre et de conservation dans une grande bibliothèque est l'inventaire destiné à constater la présence des livres sur les rayons, et cet inventaire doit être disposé comme le sont les livres eux-mêmes.

Un inventaire où les titres seraient transcrits dans toute leur étendue, serait la description de toutes les salles l'une après l'autre, et deviendrait une souche immuable constamment à jour et d'un récolement toujours facile.

Enfin, par la transcription successive de cet inventaire sur des cartes de deux sortes : complètes pour le catalogue méthodique, abrégées pour celui par noms d'auteurs, le catalogue méthodique et le répertoire alphabétique pourraient être tenus toujours au courant.

La méthode que nous venons d'exposer, et qui peut être résumée en ces mots : immobilité des livres, mobilité des cartes, n'est pas seulement, aux yeux de ses partisans, la plus simple, elle est la seule praticable aujourd'hui, la seule en harmonie avec l'immense production annuelle de la typographie et les exigences d'une bonne administration. On peut sans crainte affirmer qu'elle eût été adoptée par Clément ou par ses continuateurs, s'ils eussent pu prévoir qu'en moins d'un siècle et demi le nombre des livres de la Bibliothèque s'élèverait de 60,000 à 800,000.

Si maintenant l'on passe à l'application de la méthode qui vient d'être exposée, on trouve que cette méthode l'emporte, sur celle qui est suivie, par l'économie de temps et d'argent.

La Bibliothèque nationale, après dix années de travaux et 189,000 francs de dépenses, n'a pas encore terminé complétement le catalogue d'une seule de ses vingt-sept sections; or il est facile de montrer que, dans le système de l'immobilisation, quatre années de travail et une somme d'environ 150,000 francs auraient amplement suffi à la rédaction de tous les catalogues nécessaires au service public de la Bibliothèque.

Entrons dans quelques explications sur ce point important.

On calcule qu'il existe dans la Bibliothèque 800,000 volumes, devant fournir 500,000 titres ou cartes d'ouvrages, les brochures et pièces détachées comptant pour un ouvrage et représentant 150,000 titres.

Le jour où le travail du catalogue commence, la Bibliothèque est immobilisée, c'est-à-dire que les entrées reçoivent un nouveau numérotage et sont destinées à former un supplément qui, cinquante ans plus tard, sera à son tour catalogué et réuni à l'ancien fonds.

Un bureau du catalogue est établi comme il suit :

    1 directeur,
   10 copistes,
    4 vérificateurs,
    3 bibliographes chargés du classement,
    1 correcteur d'imprimerie,
    6 colleurs.
      ——

Total... 25 employés.

On débute dans l'opération du catalogue par la première salle. Les dix copistes transcrivent les titres *in extenso*, et laissent les cartes dans les volumes, après avoir frappé d'une estampille à leur chiffre la carte qu'ils ont faite; moyen très-simple d'établir la responsabilité des employés et de connaître les incapables.

Les quatre vérificateurs suivent les copistes. Les trois premiers examinent si l'ouvrage est complet et si la carte est exacte, le quatrième numérote la carte et le volume, puis il replace le volume en retirant la carte, et remet celle-ci aux bibliographes. Ceux-ci retranchent du titre le superflu, soulignent les passages qui doivent être imprimés en capitales, et inscrivent au bas la lettre de la classification méthodique à laquelle appartient l'ouvrage.

A la fin de la journée, les cartes sont réunies par ordre de numéros et envoyées à l'imprimeur, qui doit en fournir une épreuve le surlendemain.

Les six colleurs reçoivent le matin six épreuves des titres imprimés sur papier de six couleurs différentes. L'un d'eux les découpe rapidement, puis il les divise par couleurs. Les trois premiers les classent alphabétiquement et les répartissent dans des volumes préparés à cet effet, en les collant à leur place les trois autres font la même opération pour la classification méthodique, c'est-à-dire qu'ils reporteront, par exemple, au folio A. 24,300, le titre qui portera ces indications.

Maintenant il est aisé de calculer le résultat de ce travail pour chaque journée.

Un copiste peut copier en six heures 50 bonnes cartes. Les dix copistes produiront donc, chaque jour, 500 cartes.

Ces 500 cartes sont vérifiées, classées par matières, imprimées à cinquante exemplaires, puis collées alphabétiquement et par ordre méthodique dans trois séries de registres; elles donnent chaque jour un catalogue alphabétique et un catalogue méthodique, dont on peut laisser un exemplaire à la disposition du public, un second dans le bureau du catalogue, et un troisième qui permet de tenir le catalogue du public toujours au courant, sans que les lecteurs soient jamais privés de ce moyen de recherches et d'étude.

Le travail d'un jour donnant 500 cartes,

Un mois de vingt-cinq jours donnerait 12,500 cartes;

Une année de trois cents jours donnerait 150,000 cartes.

Terme du catalogue ou des 350,000 cartes, deux ans et cent jours.

On étend jusqu'à quatre années le temps demandé, afin de faire une part à l'imprévu, de pouvoir dépouiller les collections de pièces et opérer les rectifications que l'usage journalier du catalogue ou les indications des érudits rendraient nécessaires.

Tel est le système de l'immobilisation, que des bibliographes très-éclairés opposent au système de l'intercalation suivi à la Bibliothèque, et dont nous avons reproduit les éléments avec une exactitude incontestable, puisque tout ce que nous venons de dire est extrait, soit d'écrits publiés, soit de notes qui nous ont été remises.

Il faut se fixer sur le caractère de cette méthode avant d'en faire l'analyse.

On reproche au système de l'intercalation de ne pouvoir être suivi ri-

4.

goureusement et d'admettre de force l'exception résultant du format des
volumes; mais un reproche analogue ne peut-il pas être dirigé contre le système contraire ? En vain déclarerait-on que dans une bibliothèque quel-
conque les livres seront placés à la suite les uns des autres, dans l'ordre de
leur entrée. Il faudra nécessairement assembler les divers tomes d'un même
ouvrage, les diverses parties d'une même collection, les différents numéros
d'un même journal; il faudra, en outre, dans ce cas comme dans l'autre,
ranger les volumes d'après leur format. Un commencement d'ordre et de
classification s'établira donc par l'effet de la nécessité. Convient-il de le conduire à travers de nombreuses difficultés aux dernières limites de l'exactitude, à la reproduction fidèle du catalogue sur les tablettes? Le doute ici
est permis. Il est certain que des bibliothécaires qui emploieraient un temps
précieux à rechercher si un volume doit porter tel chiffre ou tel sous-
chiffre, être placé sur telle ou telle tablette, un peu plus à droite ou un
peu plus à gauche, ne verraient jamais la fin d'un travail plus minutieux
que véritablement utile.

Mais ce n'est pas ainsi que les choses se passent. Les employés de la
Bibliothèque ont fini par apprendre à opérer les insertions sans tâtonnements, sans perte de temps, et sans causer de désordre sur les tablettes.
Ce qui, autrefois, était devenu à peu près impraticable, s'exécute aujourd'hui
sans difficulté, et l'on peut entrevoir le moment où les sept à huit cent
mille volumes de la Bibliothèque nationale seront classés et rangés dans le
meilleur ordre, ce qui sera, quoi qu'on prétende, un avantage certain pour
le service public, comme pour la conservation des livres, car nous avons
peine à comprendre que l'intercalation puisse entraver un récolement
exact. L'existence des livres étant constatée sur des cartes ou sur des registres, l'appel des livres sur les tablettes peut être fait avec autant de sûreté
dans un système que dans l'autre. La présence des livres n'est pas plus
facile à constater quand ils sont placés dans leur ordre d'entrée que dans
l'ordre des matières. N'est-ce pas toujours la même opération qu'il faut
exécuter à l'aide de moyens semblables?

La classification des livres sur les tablettes a présenté et présente encore,
à la Bibliothèque nationale, des difficultés qu'on ne peut méconnaître;
mais ces difficultés sont moins la conséquence de la méthode adoptée, qui
l'a été également par presque toutes les grandes bibliothèques de l'Europe,

que le résultat de l'irrégularité des accroissements de la Bibliothèque nationale et de l'impuissance où se sont trouvés les conservateurs de cet établissement à ne se pas se laisser déborder par le flot de livres qui, chaque jour, venait accroître leur tâche et leurs embarras.

Le système de l'intercalation n'offre, à vrai dire, aucune difficulté sérieuse pour une bibliothèque déjà classée, qui s'accroît lentement dans une progression régulière. Tel n'était pas l'état de la Bibliothèque nationale il y a dix ans. A cette époque, l'insertion avait totalement cessé pour l'ancien fonds, dont l'arriéré grandissait rapidement, et cependant on conçut tout à coup la pensée de fondre les 220,000 volumes du fonds non porté dans ce fonds, qui lui-même n'était plus au courant. Une telle entreprise, qu'alors nous n'eussions peut-être pas conseillée, devait nécessairement présenter les plus grandes difficultés, et n'offrir au début que des résultats peu sensibles. Aujourd'hui que la lumière s'est faite dans le chaos, que tous les livres de la Bibliothèque sont connus ou pour le moins étiquetés, et que l'insertion s'effectue chaque jour, sans embarras et d'une main assurée, on ne pourrait abandonner la méthode suivie pour en embrasser une autre qui n'a pas encore fait ses preuves, que si l'on se résignait à sacrifier le fruit de l'expérience et de longs travaux.

Le système de l'immobilisation est-il donc à l'abri de toute critique?

Dans ce système, l'impression du catalogue ne peut être commencée que quand tous les livres, depuis le premier jusqu'au dernier, ont été catalogués. Aussi ses défenseurs abandonnent-ils l'idée de l'impression d'un catalogue qui, à les entendre, exigerait 300 volumes, une dépense de 1,500,000 francs, pour donner au public un ouvrage chaque jour incomplet au point de vue administratif, et toujours incomplet au point de vue scientifique.

Comment remplacent-ils le catalogue imprimé? En multipliant les exemplaires d'un catalogue qui ne serait pas imprimé tout à fait, mais qui le serait à peu près. On a vu que chaque jour les cartes relevées seraient remises à l'imprimeur, qui, le lendemain, les rendrait imprimées sur papier de couleurs différentes. Cette impression, dit-on, serait peu soignée et plus économique que la double transcription de cartes qu'elle remplacerait. Mais ceci est une pure illusion. L'impression de cartes bibliographiques, rédigées en langues diverses, chargées de termes scientifiques, de noms propres et de chiffres, exigera toujours une attention soutenue et une grande exactitude. Les épreuves des cartes imprimées devront être revues soigneusement et corrigées, si l'on ne veut pas élever, sous le nom de catalogue, un monument plus bigarré encore par les innombrables fautes qu'il contiendrait, que par les papiers de toute couleur qui y seraient collés. Abandonnons l'espoir d'une grande économie. On épargnera, sans doute, le papier et le tirage, mais la composition reviendra au même prix dans un cas que dans l'autre, avec cette différence que, dans le premier, on se propose de dresser un catalogue exact et, en même temps, de doter le monde savant d'un ouvrage qui serait le recueil bibliographique le plus riche et le plus utile qui jamais aurait été composé, tandis que, dans le second, on ferait un simple catalogue à l'usage des employés et des lecteurs de la Bibliothèque nationale.

Réaliserait-on mieux la promesse d'une économie de temps, véritablement prodigieuse, puisqu'on ne demande, à la rigueur, pour cataloguer une bibliothèque de 800,000 volumes, que deux ans et cent jours?

Dans les deux systèmes, la copie d'une carte exigera un temps égal. Il ne peut pas y avoir sur ce point de différence. Mais, à la Bibliothèque, on lève deux cartes pour chaque ouvrage, on dresse, de plus, un répertoire onomastique universel; or, dans la méthode proposée, on n'en lèverait qu'une seule : le temps et la dépense exigés par la transcription de la deuxième et de la troisième seraient donc épargnés. Si l'on s'attache aux faits réels et non à de simples espérances, on reconnaîtra que les frais et le temps exigés pour la composition, la révision des épreuves et le tirage d'une carte équivalent tout au moins à la double transcription de cette carte par un copiste, et que l'égalité ne cesserait pas d'exister, quant au temps et à la dépense, entre les deux manières de procéder.

Il est facile de décider que l'imprimerie livrera tous les jours, à un prix qu'on abaisse arbitrairement, 500 titres d'ouvrages imprimés, et que le correcteur répondra de l'exacte reproduction de ces titres; que de simples manœuvres les colleront, sans jamais se tromper, dans trois séries de registres surchargés de divisions et de sous-divisions très-compliquées; mais ne faudra-t-il pas que les rédacteurs des cartes en corrigent eux-mêmes les épreuves, que des vérificateurs dirigent et surveillent les colleurs, etc. ? Il n'est pas juste de supprimer dans un cas les erreurs, les mécomptes, les causes inévitables de retard, lorsque, dans l'autre, on les grandit outre mesure.

Avec l'immobilisation, telle qu'on la propose, nous rencontrons toutes les difficultés de l'impression du catalogue, sans en recueillir les avantages. On a, il est vrai, célébré, comme une brillante découverte, l'idée d'employer le stéréotypage à l'impression des titres, de manière que l'on pût, l'impression du catalogue usuel étant terminée, employer les clichés à la publication d'un catalogue destiné au monde savant. Certes, ce procédé n'offrirait pas l'avantage de l'économie, et d'ailleurs l'obligation de conserver dans un ordre rigoureusement exact une masse de clichés, telle qu'assurément il n'en a jamais existé, le rend impraticable.

L'intercalation et l'immobilisation sont deux méthodes qui n'ont rien d'absolu et ne peuvent jamais être pratiquées rigoureusement. Elles présentent, l'une et l'autre, des avantages et des inconvénients à peu près égaux; et appliquées à l'exécution du catalogue d'une grande bibliothèque publique, elles imposeraient le même sacrifice de temps et d'argent. Abandonner le système suivi par les conservateurs de la Bibliothèque nationale et qui a déjà porté des fruits dont on ne peut, sans injustice, nier l'importance, l'abandonner, disons-nous, quand les plus formidables obstacles ont été surmontés et que le travail avance avec une régularité qui ne peut plus être troublée, pour tenter la réalisation d'un plan qui a ses avantages, sans doute, quoique beaucoup moins grands qu'on ne le prétend, mais auquel manque la sanction d'une pratique sérieuse, ce serait replonger dans l'incertitude l'achèvement du catalogue d'une bibliothèque trop précieuse pour que l'on ose essayer sur elle des expériences.

Nous avons été d'avis, à l'unanimité, qu'il n'y avait pas lieu de changer la méthode adoptée pour dresser le catalogue de la Bibliothèque; mais que l'exécution du travail pouvait être l'objet d'améliorations que nous allons faire connaître.

V. TRAVAUX EXÉCUTÉS POUR LA RÉDACTION DU CATALOGUE, DE 1839 A 1849.

« Les commencements en toutes choses, dit M. le directeur de la Bibliothèque, dans sa lettre au ministre, surtout dans les choses ardues et complexes, n'échappent guère à l'un de ces deux inconvénients, ou d'être retardés par des tâtonnements, ou de se fourvoyer dans la hâte des premiers essais. »Cette réflexion est pleine de vérité, mais nous regrettons qu'elle s'applique si justement au travail du nouveau catalogue de la Bibliothèque, et qu'en 1839, quand il fallut mettre la main à l'œuvre, ceux qui furent chargés de cette grande entreprise se soient trouvés tellement pris à l'improviste, si peu préparés pour ce qu'ils avaient à faire, qu'ils aient été retardés par des tâtonnements, et que leur zèle se soit égaré dans la hâte des premiers essais.

Un inventaire et un catalogue sont des éléments tellement indispensables de conservation et de recherches pour toute bibliothèque, qu'il semble que leur rédaction devrait être considérée par les chefs des établissements publics de ce genre, comme un devoir strict et de conscience, vers l'accomplissement duquel leurs efforts de tous les jours doivent tendre avec persévérance, en dépit de tous les obstacles, si nombreux et si difficiles à surmonter qu'ils soient. Si les moyens matériels de l'accomplir leur manquent véritablement, ils doivent au moins, dans leurs regrets et leur tristesse, prévoir et calculer ce qu'ils feront le jour où la faculté de réaliser ce qu'ils auront longtemps souhaité pour le bien de la bibliothèque confiée à leurs soins, et pour leur propre gloire, leur sera accordé, afin de ne pas se trouver, ce jour-là, sans idée arrêtée, sans méthode, sans direction nettement tracée, et réduits à avancer, presque au hasard, dans une entreprise où d'ordinaire les premiers pas sont décisifs.

Le travail du catalogue a été trop longtemps considéré, par les conservateurs de la Bibliothèque nationale, comme une tâche ingrate et décourageante par son immensité, qu'ils n'avaient ni le temps, ni les moyens d'entreprendre, et ils s'efforçaient de suppléer, par l'habitude et par des prodiges de mémoire, à l'insuffisance d'un catalogue imparfait.

Il est juste de reconnaître que les exigences toujours croissantes du service public, et l'inaptitude trop réelle de quelques conservateurs pour un pareil genre de travail, peuvent expliquer l'état d'abandon où était tombé le catalogue. Toutefois, rappelons qu'à l'étranger, comme en France, plusieurs bibliothèques publiques ont été cataloguées par leurs conservateurs, sans ressources extraordinaires, sans provocations réitérées du Gouvernement, grâce à une persévérance que soutenaient l'amour des lettres et le sentiment profond du devoir.

La Bibliothèque nationale, le plus grand dépôt des produits de l'intelligence humaine qui ait été formé chez aucun peuple, ne doit pas être considérée par les hommes éminents ou distingués dans la science qui sont chargés de sa conservation, comme une sorte d'administration publique, comme un simple bureau, où chaque employé ne donne à l'État que la portion de son temps et de son zèle prescrite rigoureusement par les règlements; il n'y a rien de petit ni de mesquin, rien qui ne doive inspirer une ardeur voisine de l'enthousiasme dans des fonctions qui ont pour objet de faciliter l'essor de la science et des lettres, c'est-à-dire de la civilisation même. Le bibliothécaire qui se livre tout entier à ses fonctions, et ne veut rien voir au delà des livres remis à ses soins, sert aussi bien son pays, sous des dehors modestes, que s'il cherchait à l'illustrer par ses propres écrits.

Nous nous sommes arrêtés sur ces considérations générales, parce que nous devions donner l'explication des tristes débuts de l'entreprise, et rassurer contre le retour de pareils résultats, en déclarant que la Bibliothèque possède aujourd'hui des hommes en qui brillent les qualités et la volonté nécessaires pour mener à bonne fin un travail dont ils connaissent, mieux que personne, la nature et l'importance.

Ainsi qu'on la vu, la première pensée des conservateurs du département des livres imprimés, fut de faire transcrire sur des cartes mobiles les titres contenus dans les anciens catalogues, afin d'arriver à un meilleur classement; mais la hâte des premiers essais, et la trop grande confiance des chefs dans leurs collaborateurs, occasionnèrent des retards, et ce travail ne produisit que des résultats imparfaits,

De 1839 à 1846, 684,000 cartes furent copiées, parmi lesquelles :

> 352,000 cartes de matières du fonds porté;
> 240,000 cartes d'auteurs, du fonds porté;
>   92,000 cartes du fonds non porté.
>
> Total. . . 684,000

Nous ne devons pas le cacher, ces cartes, qui ont coûté 36,000 francs, seront d'un faible secours en tant que cartes définitives. Il en est de même de la première vérification, commencée en mai 1840 et poursuivie jusqu'en novembre 1844.

A son entrée comme chef dans le bureau du catalogue, au mois de novembre 1844, le directeur actuel des travaux, au zèle persévérant et la vive intelligence duquel nous devons rendre hommage, dut faire ses réserves touchant ces cartes et cette vérification. Il n'avait pu recevoir d'instructions précises, puisqu'il s'agissait de reconstruire un service. Sa première préoccupation fut d'étudier, dans ses plus petits détails, un mécanisme compliqué, puis d'en expérimenter graduellement l'amélioration et surtout la simplification. Il serait trop long de dire à quelles études il fallut se résoudre, quelles combinaisons durent être recherchées : il nous suffit de rappeler ce que déjà nous avons dit, que l'entreprise est enfin entrée dans une voie où les incertitudes et les tâtonnements ne sont plus à craindre.

Cependant, il nous importait beaucoup de savoir quels sont les résultats positifs et utiles du travail commencé en 1839, ou, pour mieux dire, à la fin de 1839, et ce qui reste encore à exécuter.

MM. les conservateurs nous ont donné, sur ces deux points, les éclaircissements suivants :

Il est impossible de calculer, d'une manière précise, combien de cartes restent encore à rédiger. Le travail du catalogue, exécuté jusqu'à ce jour, a subi tant d'imprévu et tant de mécomptes, qu'on ne saurait, à 50,000 près, dire combien de volumes restent à décrire.

Mais, en produisant le compte exact du travail, ce qui est facile, on peut en déduire, par approximation, celui qui reste à exécuter.

Deux divisions, la médecine T et l'histoire d'Angleterre N, peuvent être considérées comme achevées.

$$
\begin{array}{lr}
\text{Le T a produit} \dots\dots\dots & \text{79,210 cartes.} \\
\text{L'N a produit} \dots\dots\dots & \text{11,726} \\
\hline
\text{TOTAL} \dots\dots\dots & \text{90,936 cartes.}
\end{array}
$$

Ces deux divisions, ainsi que les parties dont l'indication va suivre, tenues au courant des entrées journalières, s'augmenteront encore de ce qu'aura fourni le dépouillement, à présent inachevé, des recueils de pièces.

L'histoire de France L, actuellement en cours d'exécution, a déjà produit 59,973 cartes. Les volumes proprement dits, sauf les journaux et les publications officielles, sont achevés. On s'occupe des opuscules et des recueils de pièces, et l'on compte avoir fini cette matière avant un an. Si l'on commence l'impression du catalogue par cette division, et que l'on suive, comme il est naturel de le penser, l'ordre méthodique, la classification de ces cartes sera une opération de plus, qu'il convient d'ajouter au mode de procéder actuel.

Les autres parties des divisions dont le catalogue est commencé, sont :

F. Jurisprudence, in-folio..............................	6,303 cartes.
J. Histoire grecque et romaine, in-folio................	3,775
V. Sciences et arts, in-folio..........................	4,453
Vm. Musique. (Partie dramatique).......................	5,339
Ouvrages en langues orientales........................	371
Total	20,241 cartes.

Le total des cartes exécutées est de 171,190.

Mais ces cartes n'ont pas été toutes revues, et le travail de deux vérificateurs pendant six mois est encore nécessaire pour terminer la révision.

Aucune section n'est donc, à vrai dire terminée, et nous devons ajouter avec regret que le rangement imparfait du fonds non porté et la rédaction de 171,000 cartes sont en définitive les seuls fruits d'un travail de onze années et d'une dépense deux fois plus forte que la somme demandée en 1838 pour achever le catalogue tout entier. Il est rare qu'une entreprise déjoue aussi complétement les prévisions de ceux qui l'avaient conçue.

Quant à ce qui reste à exécuter, nous nous en référons à une note rédigée, en 1848, par M. Magnin, l'un des conservateurs du département des imprimés, où nous lisons : « Un calcul approximatif, mais dont nous avons tout lieu de croire le résultat exact, puisque nous l'avons obtenu par deux procédés différents (le métrage des tablettes et le compte des cartes), nous permet d'établir que les deux lettres et les portions de lettres terminées sont à celles qui restent à faire, dans le rapport de 1 à 10. Le calcul du temps employé sur ces lettres et portions de lettres, déduction faite des travaux préliminaires qui s'appliquent aux 27 sections, nous induit à penser que la fusion totale pourra être effectuée en dix ans et peut-être en un peu moins avec une légère et graduelle augmentation du personnel.

« Mais notre tâche ne se borne pas à la fusion des deux fonds et à la facilité indéfinie que nous avons acquise de continuer les intercalations des ouvrages au fur et à mesure de leur entrée (intercalation, soit dit en passant, qui s'opère dès aujourd'hui dans les lettres achevées et dans toutes les matières pour les suites d'ouvrages et les collections, ce qui cesse de s'appliquer à l'arriéré du catalogue et constitue un travail de catalogue permanent).

« On attend encore de nous un répertoire général par noms d'auteurs... Les divers travaux qu'exige le répertoire onomastique, et surtout le besoin de dépouiller et de copier sur doubles cartes les titres d'un très-grand nombre de pièces diverses qui se rapportent à toutes les matières, nous obligent à porter de dix à douze années le temps nécessaire à l'entier achèvement de notre tâche. »

Dans la note que MM. les conservateurs nous ont remise nous trouvons la déclaration suivante, qu'ils ont renouvelée devant nous de vive voix :

« Deux ans se sont passés depuis la rédaction de la note de M. Magnin, et nous maintenons notre demande, nous réclamons dix ans encore. »

Lorsque nous entendons, après deux années et demie, redemander précisément le même temps pour l'achèvement du même travail, il nous est difficile de ne pas craindre que l'illusion ne se mêle aux évaluations présentées par les conservateurs, et que le terme de dix ans réclamé par eux ne soit une espérance mise encore une fois à la place de la certitude. Sans se flatter de pouvoir jamais astreindre l'exécution d'une entreprise pareille à une marche toujours uniforme, ni de la renfermer dans des limites précises de temps, nous croyons cependant possible d'imprimer au travail une activité et une suite qui permettront d'en voir la fin dans un temps peu éloigné.

Nous avons donc étudié soigneusement l'organisation actuelle du bureau du catalogue et recherché si, en la fortifiant et en augmentant le nombre des employés, on ne pourrait pas concevoir l'espérance fondée d'arriver plus vite et plus sûrement au but.

VI. DE L'ORGANISATION ACTUELLE DU BUREAU DU CATALOGUE.

Le bureau du catalogue est ainsi composé :

 1 chef de bureau,
 1 sous-chef,
 1 employé chargé particulièrement du service et du catalogue de la section de musique,
11 employés temporaires, parmi lesquels deux vérificateurs de cartes, deux employés chargés, l'un de classer les cartes, l'autre de préparer le travail, et sept copistes de cartes ;
 3 employés titulaires qui consacrent au travail du catalogue deux heures seulement après la séance publique,
 2 employés qui mettent en bulletins d'auteurs et en bulletins d'anonymes les numéros du journal de la librairie,
 2 garçons de service.

TOTAL... 22

Les deux conservateurs des imprimés surveillent la direction et l'exécution des travaux, et en réfèrent au directeur général de la Bibliothèque et au conservatoire, dans les circonstances où ils croient nécessaire l'intervention de l'autorité chargée d'administrer, sauf l'approbation du ministre, l'établissement tout entier.

Il résulte de ce qui vient d'être dit, que le nombre des collaborateurs chargés de la confection des cartes se réduit à sept, dont deux seulement sont entrés dans le bureau antérieurement au 1er janvier 1850. Le travail de ces sept employés est préparé et réparti, puis classé par deux commis d'ordre, et revisé, enfin, par deux vérificateurs.

La durée de la séance est de sept heures pour le chef, le sous-chef, les deux vérificateurs, l'un des commis d'ordre, l'un des leveurs de cartes, les deux personnes attachées au journal de la librairie et les garçons de service; de six heures pour le second commis d'ordre et les six autres leveurs de cartes, et de deux heures pour les employés du service général, détachés comme auxiliaires.

La mort de deux excellents vérificateurs, le départ d'un fort bon employé ont exercé une fâcheuse influence sur l'organisation de ce bureau. L'inexpérience des collaborateurs actuels se fera sentir quelque temps encore. Mais le plus grand obstacle aux bons résultats du travail est l'extrême mobilité du personnel.

De 1839 à 1850, soixante et treize employés ont pris part aux travaux du catalogue. De ce nombre, treize n'ont pu être conservés, trente et un ont quitté volontairement, six sont morts, deux sont partis pour cause de maladie, quatre pour cessation du travail dont ils avaient été chargés. Depuis 1845, le chef actuel du bureau s'est vu dans la triste obligation de faire éliminer neuf collaborateurs pour cause d'insuffisance.

Dans sa note pour la commission de 1848, M. Magnin s'exprime ainsi : « On ne saurait croire combien il est difficile de trouver des personnes, même parmi les plus instruites, qui aient le genre d'aptitude que ces travaux demandent. On fait beaucoup d'éducation et peu d'élèves. Il est indispensable d'avoir passé par les premiers degrés pour pouvoir se rendre utile dans les suivants. Les plus mauvais auxiliaires que nous pourrions avoir seraient les personnes qui ont des habitudes déjà prises et des systèmes arrêtés. »

Si les leveurs de cartes chargés de la partie essentielle du travail sont peu nombreux, souvent renouvelés et généralement peu aptes à la tâche qui leur est imposée, il n'est alors que trop aisé d'expliquer que, près de 700,000 cartes n'aient produit qu'un résultat peu satisfaisant, et que la confection du catalogue en soit encore, pour ainsi dire, à ses débuts. L'inexpérience des copistes grandit l'importance du travail des vérificateurs, rend le choix de ces derniers plus difficile, et la réorganisation du bureau du catalogue, sur des bases plus solides et plus larges, paraît aux conservateurs et au chef du bureau une entreprise délicate, qu'il faut réaliser lentement et avec beaucoup de prudence.

VII. DE LA RÉORGANISATION DU BUREAU DU CATALOGUE.

Il a été démontré que la lenteur et l'imperfection des travaux du catalogue ne provenaient pas, les premières difficultés ayant été vaincues, de la méthode adoptée; il faut donc attribuer ces inconvénients à la manière dont le travail a été dirigé et exécuté. Nous nous sommes attachés, en nous entourant de toutes les lumières désirables, et en ne dépassant pas les limites de ce qu'il est possible de proposer et de faire adopter, à rechercher les moyens les plus praticables et les plus sûrs de faire pénétrer dans le bureau du catalogue un esprit qui inspire à ceux qui dirigent, comme à ceux qui exécutent, l'amour du travail qui leur est confié et le désir de le voir, pour l'intérêt de la science et l'honneur de la Bibliothèque, promptement conduit à son terme.

Nous avons demandé à MM. les conservateurs s'ils pensaient que le personnel du bureau pût être augmenté, dans un court délai, avec profit pour le travail.

Le personnel, nous ont-ils répondu, devra certainement être augmenté à mesure de l'avancement du travail. En ce moment, le manque de vérificateurs et l'inexpérience de quelques-uns des employés, venus depuis peu de jours, exposeraient à la confusion, si l'on voulait accroître notablement ce personnel. Cependant, le directeur du travail demande, en ce moment, l'adjonction de deux collaborateurs choisis avec un soin particulier. Si ces choix sont heureux, le chef du bureau et le sous-chef feront tous leurs efforts pour hâter l'éducation des nouveaux venus, et pour rendre prochaine l'augmentation du nombre des vérificateurs. C'est en effet du nombre de ces derniers que dépend l'augmentation du personnel, car à chaque vérificateur nouveau, bien au courant de ses fonctions, on peut adjoindre quatre leveurs de cartes.

Il ne semble pourtant pas prudent d'aller au delà de seize leveurs de cartes, pouvant produire 140,000 cartes par an.

Selon l'avis de MM. les conservateurs, le bureau devrait être composé comme il suit :

<table>
<tr><td>1 chef,</td><td rowspan="3">Bureau permanent.</td></tr>
<tr><td>1 sous-chef,</td></tr>
<tr><td>2 employés détachés,</td></tr>
<tr><td>4 vérificateurs,</td><td></td></tr>
<tr><td>4 commis d'ordre,</td><td></td></tr>
<tr><td>16 leveurs de cartes,</td><td></td></tr>
<tr><td>2 ouvriers d'atelier,</td><td></td></tr>
<tr><td>4 garçons de service.</td><td></td></tr>
</table>

Total.... 34.

Le bureau étant ainsi reconstitué, le nombre des vérificateurs successivement porté de deux à quatre, et celui des leveurs de cartes, de sept à seize, le travail, dirigé avec vigueur et persévérance, avancera rapidement vers le but.

Mais ici se présente une question délicate, celle de savoir si la direction du travail ne pourrait pas elle-même devenir l'objet d'améliorations dont l'effet se ferait sentir sur tout le travail.

Les deux conservateurs du département des imprimés sont les véritables directeurs du bureau du catalogue. Ils ont choisi la méthode suivie, ils veillent à son application, donnent l'impulsion, nomment et révoquent les employés. Il en doit être ainsi, car la responsabilité de ce qui se fait ou de ce qui ne se fait pas dans ce bureau pèse sur eux; mais la plus grande partie de leur temps et de leur sollicitude est absorbée par le service de la Bibliothèque, service compliqué dont les obligations se multiplient chaque jour, par le nombre de plus en plus grand de livres et de lecteurs, et par la nécessité de lutter à chaque instant pour que le désordre ne rentre pas dans ce vaste établissement. On ne peut donc pas attendre des conservateurs, dans l'organisation actuelle du service, autre chose qu'une surveillance générale et peu approfondie des travaux exécutés par les employés du bureau du catalogue, et, à notre avis, c'est là une des causes principales de l'imperfection de ces travaux.

La direction effective appartient, depuis l'année 1844, à un employé de la Bibliothèque, qui, en s'appliquant à un genre de travail auquel il ne s'était pas destiné, a cependant révélé les qualités nécessaires pour y réussir. On trouve dans cet employé, d'abord l'amour du travail qui lui a été confié, puis la persévérance, la fermeté, et nous pouvons même dire la résolution qui l'ont déjà conduit à des résultats dont l'importance doit être signalée. Le travail n'a réellement fait de progrès que depuis qu'il est placé sous sa direction. M. Richard possède assurément tout ce qu'il faut pour mener à bonne fin l'entreprise; mais ces qualités précieuses ne suffisent pas, il faut encore que celui qui en est doué puisse en tirer tout le parti possible; or, M. Richard n'occupe, dans la hiérarchie de la Bibliothèque nationale, que le grade secondaire de conservateur-adjoint. Il manque donc de l'autorité nécessaire pour faire passer, sans rencontrer de résistance, dans l'esprit de ses supérieurs comme de ses subordonnés, ses propres inspirations. Au-dessus de lui sont placés deux conservateurs, auxquels on est trop souvent porté à en appeler des ordres qu'il donne ou des réprimandes qu'il adresse. L'action du chef du bureau du catalogue est entravée, non par la volonté des personnes, non par les obstacles que susciteraient la rivalité ou la jalousie, mais par l'effet même du rang et du titre de cet employé. L'autorité appartient à ceux qui dirigent en apparence et non à celui qui dirige en réalité. Une pareille distribution des pouvoirs présente de graves inconvénients.

La première pensée qui se présente est de proposer d'élever l'employé dont nous parlons à un grade qui lui donnerait les moyens d'exécuter le bien qu'il médite et dont il est capable. Mais l'aptitude à un genre spécial de travail, quelque excellente qu'elle soit, ne suffit pas pour justifier un avancement subit et irrégulier, dont la conséquence serait de troubler l'organisation d'un établissement où les prétentions des aspirants sont très-vives et les chances d'avancement peu nombreuses. Nous avons donc cherché une autre voie pour arriver au même but, et nous croyons l'avoir trouvée.

Au lieu de deux conservateurs exerçant concurremment un contrôle vague et sans effet immédiat sur les travaux, nous proposons de placer leur direction dans les attributions exclusives de l'un d'eux, lequel s'y dévouerait tout entier et n'aurait pas d'autre occupation dans la Bibliothèque, aussi longtemps que le catalogue ne serait pas terminé. La responsabilité des erreurs, des méprises, des lenteurs et du choix des personnes, pèserait uniquement sur lui, et avec d'autant plus de force, qu'étant complétement libre, possédant l'autorité nécessaire pour se faire obéir, il ne lui serait pas possible de rejeter sur les embarras et les difficultés de sa position, sur les résistances qu'il aurait rencontrées, sur les mauvais choix qu'on lui aurait imposés, sur les traditions vicieuses qu'il aurait trouvées établies, et contre lesquelles il aurait vainement lutté, la cause de l'insuccès de ses efforts.

Concentrer dans une main vigoureuse tous les fils du travail, placer la responsabilité sur une seule tête, tels sont les seuls moyens que nous apercevions de donner à l'entreprise une impulsion forte et suivie. Et comme nous avons lieu de penser que le Gouvernement trouverait sans peine, à la Bibliothèque, un conservateur parfaitement propre, par les habitudes de son caractère et par ses connaissances en bibliographie, à ce genre de travail, et qui tiendrait à honneur de bien mériter de la science, en attachant son nom à un monument aussi considérable que le catalogue de la plus grande bibliothèque qui soit au monde, nous ne voyons pas d'obstacles qui puissent s'opposer à l'adoption de notre proposition.

On dira peut-être que le service général du département des imprimés réclame l'active coopération de deux conservateurs, et que cette nécessité a été reconnue chaque fois qu'il s'est agi d'introduire des réformes dans l'administration de la Bibliothèque. Nous ne voulons pas contester cette vérité; nous nous bornons à répondre que l'œuvre du catalogue intéresse l'établissement tout entier, et que pas un employé, quel que soit son rang, ne doit y rester indifférent ou étranger. Si en enlevant, pendant dix années, un des deux conservateurs à ses travaux habituels, on augmente notablement les attributions de son collègue, et même celles des conservateurs-adjoints et des employés de ce département, il faut que tous, redoublant de zèle et d'assiduité, montrent qu'ils comprennent la grandeur de l'entreprise qu'il s'agit d'achever et qu'ils sont fiers d'y coopérer indirectement.

En ce moment, trois employés titulaires de la Bibliothèque consacrent au travail du catalogue deux heures par jour, après la séance publique. Ne serait-il pas possible d'imposer, moyennant indemnité, ce travail supplémentaire à un plus grand nombre d'employés, de façon que le bureau du catalogue se recrutât dans le personnel de la Bibliothèque, plutôt que d'appeler du dehors des employés dont l'éducation est toujours difficile à faire et reste souvent sans succès ?

Nous espérons que le service du département des imprimés ne souffrira pas de l'application spéciale d'un des deux conservateurs au travail du catalogue ; cependant, si la nécessité de créer quelques places nouvelles d'employés se faisait sentir plus tard, ce ne serait pas un motif de reculer devant la proposition que nous faisons, car, quelle que soit l'opinion accréditée sur le trop grand nombre des employés de la Bibliothèque nationale, il est évident, pour quiconque a visité les bibliothèques publiques à l'étranger, et en particulier le *British Museum*, à Londres, qu'il n'y a pas, à beaucoup près, un nombre suffisant d'employés à la Bibliothèque. Ce qui n'est pas moins évident, c'est que le sort des employés inférieurs n'est aucunement en rapport avec le travail qui leur est demandé, et que les lois de finances, en n'admettant pas les fonctionnaires de la Bibliothèque au bénéfice de la retraite, forcent de conserver au service actif des hommes très-honorables, assurément, et très-instruits, mais auxquels leur grand âge interdit d'imposer un travail prolongé et sérieux.

La direction du travail du catalogue étant remise à un fonctionnaire d'un ordre élevé, devant la volonté duquel s'aplaniront les principales difficultés qu'elle a jusqu'ici rencontrées, il ne reste plus qu'à augmenter, progressivement sans doute, mais cependant dans un terme assez rapproché, le nombre des vérificateurs et des leveurs de cartes.

Nous comprenons les difficultés que rencontrera le directeur du bureau à découvrir dans un court délai deux vérificateurs et neuf leveurs de cartes, jeunes, instruits, laborieux et propres à un genre de labeur qui a ses diffi_ cultés particulières ; cependant, en réfléchissant à la quantité, malheureusement trop grande, de jeunes gens qui, doués d'un véritable mérite, d'un savoir quelquefois très-étendu, cherchent en vain, dans Paris, à assurer leur existence par le travail, et sont réduits à gagner leur vie au prix des plus pénibles efforts, nous avons peine à croire que, si le travail du catalogue était convenablement rétribué, on ne trouvât pas facilement, soit parmi les archiviste paléographes non encore placés, soit parmi cette foule d'anciens étudiants, qui sollicitent partout des fonctions publiques, les neuf employés dont on aura besoin. Il ne faut certes pas les choisir légèrement : l'expérience a montré à quels tristes résultats conduisait une trop grande confiance ; mais ce serait tomber dans l'excès contraire que de croire qu'on ne doit confier l'emploi de leveur de cartes qu'à des hommes d'un mérite rare et longtemps éprouvé. Après trois mois de préparation, un jeune homme instruit remplirait, à notre avis, parfaitement cet office.

Il ne suffit pas d'avoir placé un conservateur à la tête du bureau et complété le nombre des employés, pour que toutes les garanties d'un travail actif et régulier soient acquise. Il en est une autre que nous croyons devoir exiger.

Le zèle des chefs et de leurs collaborateurs, excité un instant par l'enquête à laquelle nous nous sommes livrés et par la réorganisation du bureau, peut s'éteindre, et l'on verrait alors le travail du catalogue rentrer dans ses anciens errements d'incertitude et de lenteur, il est nécessaire de soumettre ce travail et ses résultats à un contrôle assidu, exercé publiquement par quelques hommes versés dans les connaissances bibliographiques, mais étrangers à la Bibliothèque nationale. Nommée par le ministre, complétement indépendante du conservatoire et des personnes, comme des habitudes de la Bibliothèque, cette commission surveillerait le travail, chercherait et indiquerait au directeur du bureau les moyens de vaincre les difficultés et d'éviter les retards, constaterait, mois par mois, les progrès réalisés, et adresserait deux fois par an au Ministre un rapport, qui serait imprimé dans le *Moniteur*.

La publicité donnée à ce rapport aurait l'avantage d'attirer l'attention générale sur une œuvre digne de l'intéresser, de rendre à peu près impossible le retour des anciens abus, et de désigner aux récompenses du Gouvernement et à la reconnaissance des amis des lettres, ceux qui auraient pris le plus de part au succès de cette laborieuse entreprise.

La création de cette commission, qui fortifierait le directeur du bureau, sans jamais le gêner dans l'usage de son pouvoir, est le complément des réformes que nous croyons utile d'introduire dans l'organisation du bureau. L'Assemblée nationale, le Gouvernement et le public, connaîtront désormais exactement, et, pour ainsi dire, jour par jour, l'emploi des sommes allouées pour l'achèvement d'un travail qui a déjà beaucoup coûté sans avoir beaucoup produit.

VIII. DÉPENSES DU BUREAU DU CATALOGUE.

Les dépenses du bureau du catalogue ont suivi la progression suivante :

1839	11,000ᶠ
1840	12,000
1841	15,000
1842	16,000
1843	14,000
1844	18,000
1845	21,000
1846	18,000
1847	20,000
1348	21,000
1849	23,000
1850 (approximativement)	24,000
Total	217,000ᶠ

Ce qui donne une moyenne annuelle de 18,000. Cette somme est inférieure à la dépense réelle du montant des appointements fixes du chef et du sous-chef du bureau, qui ne reçoivent chacun, sur les fonds du catalogue, qu'un supplément de traitement de 1,200 francs. Mais ces deux employés pouvant continuer, sans inconvénient, d'être payés sur deux fonds différents, nous dirons que la dépense devant être, en 1850, de 24,000 fr. pour dix-sept employés de tout ordre, s'élèverait à 48,000 francs, si le nombre des employés était porté, comme nous le proposons à trente-quatre.

Cette somme est considérable sans doute, mais ne dépasse que de 8,000 fr. le crédit alloué, au budget de 1851, par l'Assemblée nationale pour les travaux du catalogue. Nous lisons, en effet, dans le rapport de M. Berryer, sur le projet de loi des dépenses de l'exercice 1851, la note suivante, page 17. « Le crédit extraordinaire n'est point encore épuisé; les annuités de 1847 et 1848 ont été annulées, et les crédits ouverts pour 1849 et 1850 ont été inférieurs aux douzièmes du crédit général. Sur les sommes qui se trouvent être restées libres, il importe de déterminer l'emploi le plus urgent et le plus utile; d'après les renseignements transmis par MM. les conservateurs, la commission s'est convaincue que des divers articles de ce chapitre, l'achèvement du catalogue des imprimés réclamait plus que tout autre objet des allocations suffisantes. Le système d'après lequel le catalogue doit être fait paraît être difinitivement adopté, et la commission propose d'accorder pour la confection du catalogue des imprimés un crédit unique et spécial de 40,000 francs. »

Ce crédit ne sera pas épuisé en 1851, il sera donc facile d'obtenir de l'Assemblée de le porter à 48,000 francs pour 1852, et les bons résultats du travail étant désormais certains et constatés, il est présumable que le crédit restera fixé à cette somme aussi longtemps qu'elle sera nécessaire.

L'augmentation de la dépense ne peut donc pas être une objection contre les propositions que nous faisons.

Lorsque l'Assemblée nationale saura que l'achèvement du catalogue a traversé l'époque des tâtonnements et des essais malheureux, pour avancer d'un pas régulier vers son terme, elle ne concevra pas la pensée d'abandonner le fruit de tant d'efforts et de tant de sacrifices.

IX. DE L'IMPRESSION DU CATALOGUE.

Le projet d'imprimer et de publier le catalogue de la Bibliothèque nationale a rencontré, non pas dans le sein de la commission, mais dans le public et de la part des personnes dont l'opinion ne manque pas d'autorité, une opposition dont il convient de faire connaître les motifs.

Si riche, dit-on, que soit une bibliothèque, elle est nécessairement incomplète, et, dans plusieurs de ses parties, très inférieure à des bibliothèques spéciales, formées à grands frais et dans des circonstances heureuses, par de simples particuliers; à quoi bon dépenser des sommes considérables

à l'impression d'un catalogue, qui, comme inventaire, est véritablement
superflu, comme moyen de service, peut être suppléé par la transcription
des cartes dans des registres, et, comme facilité donnée aux recherches et
aux études, ne dispensera jamais de recourir aux bibliographies spéciales,
qui contiennent tout ce qui a été publié sur une matière, et non pas seulement les livres qui se trouvent, sur cette matière, dans une seule bibliothèque ? Une telle entreprise serait dispendieuse, difficile et longue à
accomplir, et au fond sans profit réél.

Ces critiques nous paraissent peu fondées.

Chercher, en matière de bibliographie, quelque chose de véritablement
complet, c'est poursuivre une chimère. Les bibliothèques ou les bibliographies spéciales, approchent plus près du but que les bibliothèques ou les
bibliographies générales, mais ne l'atteignent pas. L'objection que le catalogue
de la Bibliothèque nationale sera incomplet n'a donc aucune force, puisqu'elle
s'applique à tous les catalogues et qu'elle leur est pour ainsi dire inhérente.
La seule question qu'on puisse véritablement poser est celle de savoir si le
catalogue d'une bibliothèque de 7 à 800,000 volumes, dans laquelle sont
conservés tant de livres rares et précieux, tant de pièces uniques, recueillis
par les soins éclairés de plusieurs générations de savants bibliothécaires, ne
sera pas le catalogue le plus riche et le plus utile qui ait jamais été publié,
et un secours indispensable pour quiconque voudra connaître l'histoire et l'état
actuel de la science, dans quelque branche que ce soit des connaissances
humaines ? Or, poser une telle question, n'est-ce pas la résoudre ?

L'Angleterre dont la plus grande bibliothèque est trois fois moins riche
que la nôtre, a entrepris d'en imprimer le catalogue, donnant ainsi au monde
savant et à la France en particulier, un exemple que nous eussions dû donner nous-mêmes et non pas recevoir. Les catalogues des bibliothèques publiques de plusieurs capitales sont depuis longtemps publiés. L'objection qui
vient d'être rappelée n'a nulle part détourné les gouvernements de rendre
aux lettres un des plus grands services qu'elles puissent réclamer.

Il ne faut pas d'ailleurs s'y tromper, l'opinion publique en France, et,
son organe naturel, l'Assemblée nationale, ne croiront jamais à la réalité
des travaux entrepris pour l'achèvement du catalogue, si l'impression d'une
partie de ce catalogue ne vient pas attester que ces travaux sont sérieux et
qu'ils conduisent à des résultats positifs et immédiats. Le vote, pendant

dix ou douze ans, du crédit de 48,000 francs, est subordonné à cette condition. L'intérêt de la science s'unit donc au désir que nous éprouvons de voir terminer le catalogue, et nous porte à exprimer le vœu que l'impression des parties achevées de ce catalogue ait lieu le plus tôt qu'il sera possible.

On sait que la lettre T désignant la médecine et la lettre N désignant l'histoire d'Angleterre peuvent être considérées comme terminées. Nous ne proposons pas de commencer l'impression par l'une ou l'autre de ces deux matières, parce que la première ne représente qu'un intérêt spécial et technique, et que l'autre, étant peu étendue, donnerait peut-être une idée fausse des richesses de la Bibliothèque. La lettre L, comprenant l'histoire de France, est une matière particulièrement intéressante pour notre pays et qui a déjà produit 60,000 cartes. Il ne reste plus qu'à dépouiller les recueils de pièces et qu'à cataloguer les opuscules, travail qui ne demandera pas plus d'un an. On pourrait donc, avec facilité et avec la certitude de trouver dans le public une faveur qui se répandrait sur tous les travaux dont le catalogue est l'objet, commencer l'impression par cette lettre. Si des circonstances malheureuses venaient plus tard s'opposer à ce que l'impression fût continuée, on aurait au moins doté notre pays d'une *Bibliothèque historique de la France*, quatre fois plus ample que celle du P. Lelong, qui, malgré ses imperfections et ses omissions, rend encore aujourd'hui d'incontestables services aux amis de notre histoire nationale.

Avant de se livrer au travail de l'impression, il est une opération préalable à laquelle on ne saurait apporter trop de soin, nous voulons parler de la disposition des matières en divisions et sous-divisions.

On a provisoirement conservé pour le travail de catalogue méthodique le système de classification adopté au commencement du siècle dernier par Clément, qui n'est plus applicable de nos jours, où l'esprit analytique a si clairement montré le lien qui unit ensemble les diverses parties d'une science et les sciences entre elles. Pour ne citer qu'un seul exemple, nous dirons que dans cette classification, la chimie est placée au nombre des branches de la médecine. Il serait impossible de reproduire, dans un catalogue imprimé, un ordre méthodique aussi peu en rapport avec l'état actuel des connaissances humaines. Le directeur du catalogue devra donc arrêter, après de mûres réflexions, un système de classification simple, logique et véritable-

ment scientifique. Comme cette matière est fort délicate et que pour ne
pas commettre d'erreurs il faudrait posséder une variété de connaissances
qui se trouve rarement dans un seul homme, il nous semble que le projet
de classification, pour chaque matière, devrait être soumis au ministre de
l'instruction publique qui, avant de l'approuver, prendrait l'avis de celle des
académies de l'Institut dans le cercle des travaux de laquelle se trouverait
placée cette matière. On serait par ce moyen assuré que les diverses parties
du catalogue imprimé seraient disposées dans un ordre vraiment méthodique, et que l'ensemble et les détails de ce grand ouvrage n'auraient rien
à redouter de la critique.

L'impression d'un catalogue, par ordre méthodique ou par noms d'auteurs, soulève une infinité de difficultés d'exécution, relatives à l'indiçation des
noms des personnes et des lieux, ou des ouvrages anonymes et pseudonymes,
aux abréviations, aux renvois, aux citations de recueils. etc. Toutes ces difficultés doivent être prévues et résolues à l'avance, afin que l'uniformité règne
dans toutes les parties d'un vaste recueil de plus de 70 volumes, où le
lecteur doit pouvoir se diriger à l'aide d'un fil assuré, et sans éprouver d'incertitude, vers le but de ses recherches. Les rédacteurs du catalogue du
British Museum ont donné un excellent exemple en plaçant, en tête de leur
premier volume, l'explication développée des règles qu'ils se sont imposées
et qu'ils se proposent de suivre avec fidélité jusqu'à l'entier achèvement de
leur publication : nous proposons de le suivre.

X. FRAIS D'IMPRESSION DU CATALOGUE.

En admettant que la Bibliothèque renferme environ 700,000 volumes, ce
qui fait supposer 350,000 ou peut-être 400,000 ouvrages, à quoi il faut
ajouter 400,000 pièces, en tout 800,000 articles, voici les résultats auxquels nous sommes parvenus.

Chaque volume in-4°, de 800 pages, à deux colonnes, imprimé en
caractères faciles à lire, contiendrait de 12 à 15,000 articles, ou, en
terme moyen, 13,500, et il faudrait 60 volumes pour le tout; ou seulement 54 volumes, en admettant 15,000 articles pour chacun, ce qu'on
obtiendrait facilement en développant un peu moins les titres. A ce
nombre de volumes, il est indispensable d'ajouter la valeur d'un cinquième
de feuilles pour la table des divisions, celle des noms d'auteurs avec l'indi-

cation sommaire de leurs ouvrages, et enfin la table des ouvrages anonymes, ce qui porterait le nombre total des volumes à 65 ou 72, le catalogue entier à 6,500 ou 7,200 feuilles.

Chaque feuille tirée à 500 exemplaires reviendrait à 60 francs au moins, y compris le papier; tirée à 750, ce serait 72 francs; à 1,000, 84 francs. Le tirage à 500 exemplaires nous paraît suffisant. L'impression du catalogue exigerait donc une dépense de 432,000 francs, ou pour mieux dire de 450,000 francs.

En imprimant 400 feuilles par année, ce serait une somme de 24,000 francs à porter au budget pendant dix-huit ans, sans comprendre le traitement des personnes spécialement chargées de diriger cette partie du travail.

Mais il ne faut pas considérer la somme de 450,000 francs comme une dépense nette, car il n'est pas douteux qu'un grand nombre de bibliothèques publiques, en France et à l'étranger, et même quelques particuliers, n'achètent ce catalogue, à l'aide duquel ils pourront former, pour leur usage, des catalogues particuliers. Nous pensons que 150 exemplaires au moins seraient vendus et couvriraient plus du cinquième de la dépense.

II. COLLECTION GÉOGRAPHIQUE.

La collection géographique s'est formée et s'est développée dans des circonstances particulièrement favorables. Le projet de l'établir fut étudié longtemps et avec réflexion, et, à partir de 1828, époque de sa fondation, ses accroissements ont suivi une progression régulière. Ajoutons que le soin d'exécuter ce projet, qui se recommandait par tant de motifs de haute administration et même de sage politique, fut remis à celui qui l'avait conçu, à un savant qui a fait des sciences géographiques l'objet des études de toute sa vie et qui porte un trop vif intérêt à ce nouvel établissement pour ne pas avoir toujours cherché à en augmenter les richesses et à y maintenir l'ordre le plus parfait.

Aujourd'hui (25 juin 1850), le nombre des articles composant la collection est de 13,065, représentant environ 80,000 feuilles. L'enregistrement et le catalogue sont au courant.

M. Jomard ayant publié, en 1847, un mémoire sur *la méthode de classification de la collection par ordre de pays et de matières, et le plan du catalogue*, nous nous contentons de renvoyer à cet exposé. On y verra que les pièces qui entrent dans la collection sont rangées par ordre d'entrée, de même que les inscriptions sur les livres-registres, et, comme elles portent le même numéro que sur ces registres, rien n'est plus facile que de les trouver quand ce numéro est connu. On voit ensuite que les bulletins descriptifs des pièces sont classés alphabétiquement par ordre de matières ou de pays, afin de retrouver toujours facilement le numéro de la pièce quand il est inconnu.

On possède ainsi les éléments d'un catalogue détaillé et bien ordonné des pièces de la collection; il n'y aurait plus qu'à transcrire sur des registres méthodiquement et après révision, les descriptions portées sur les bulletins, soit par contrée, soit par matière. Ce catalogue serait suivi d'une liste générale des auteurs, avec le renvoi au numéro correspondant.

On ne peut évaluer que très-approximativement le temps que demandera la transcription des bulletins sur les volumes du catalogue; cependant, nous croyons que deux employés, transcrivant chacun 15,000 titres au

moins par an, pourraient avoir achevé le travail en un petit nombre d'années. Des registres ayant été préparés à l'avance au nombre de quarante, à
feuilles mobiles, et le conservateur de la collection ne trouvant pas, le plus
souvent, à employer les fonds qui lui sont alloués chaque année, nous regrettons que ce travail n'ait pas été encore entrepris. L'impression du catalogue méthodique, qui n'occuperait pas plus d'un volume, viendrait ensuite.

RÉSUMÉ.

L'achèvement du catalogue des imprimés exigera encore douze années de
travaux et une dépense de........................... 576,000^f
L'impression pourrait être exécutée en dix-huit années et
nécessiterait une dépense de........................... 450,000

            TOTAL............ 1,026,000

Pour la collection géographique, quatre années et une dépense
de.. 12,000^f
sont encore nécessaires pour la transcription des bulletins sur
les registres.
L'impression du volume reviendrait à.................. 6,000

            TOTAL............. 18,000

Ainsi, au moyen d'un crédit annuel de 48,000 francs, le catalogue des
imprimés de la Bibliothèque nationale serait terminé en douze ans, et ce
catalogue pourrait être imprimé à l'aide d'un crédit de 25,000 francs alloué
pendant dix-huit années.

Un crédit de 3,000 francs, accordé pendant quatre années, suffirait pour
achever le catalogue de la collection géographique et l'impression de ce catalogue n'exigerait que 6,000 francs de dépense et une année de travail.

Nous souhaitons que l'état de nos finances permette au Gouvernement
de demander à l'Assemblée nationale de lui fournir les moyens de terminer
une entreprise qu'il importe au progrès des lettres et à l'honneur de notre
pays, de ne pas laisser inachevée.

PROJET D'ARRÊTÉ.

ARTICLE PREMIER.

Le bureau du catalogue des imprimés de la Bibliothèque nationale est constitué comme il suit :

- 1 conservateur, directeur du bureau;
- 1 chef de bureau;
- 1 sous-chef;
- 2 employés détachés;
- 4 vérificateurs;
- 4 commis d'ordre;
- 16 leveurs de cartes;
- 2 ouvriers d'ateliers;
- 4 garçons de service.

ART. 2.

Le directeur du bureau est responsable de la direction et de l'exécution du travail. Il correspond directement avec le ministre pour les affaires de son service.

ART. 3.

Une commission de surveillance est établie près du bureau du catalogue; elle inspecte les travaux, constate leur progrès, signale les abus qui ont pu s'introduire, et adresse, tous les six mois, au ministre, un rapport qui est inséré au *Moniteur*.

ART 4.

Cette commission est composée de cinq membres nommés par le ministre. Aucun fonctionnaire de la Bibliothèque n'en peut faire partie.

www.ingramcontent.com/pod-product-compliance
Lightning Source LLC
LaVergne TN
LVHW020001180726
843503LV00008B/3766